2 Energie tanken
8 Powerwoche
10 Springtime
22 Coole Sommer-Cocktails
30 Fitness-Drinks
38 Vital-Shakes
50 Winter-Wärmer

Energie tanken

mit selbstgemixten Drinks

100 Prozent Genuss

Trinken Sie sich fit, werden Sie aktiver und fühlen Sie sich wohler mit Energie-Drinks, die Sie mit fruchtigen Säften, frischen Milchprodukten und aromatischen Tees selbst mixen können.

Mit reinen Säften genießen Sie das volle Aroma. Geben Sie sich nicht mit verdünnten Säften zufrieden, die als Nektare, Fruchtsaftgetränke oder Trunke angeboten werden. Der Blick aufs Etikett lohnt sich. Dort sollte immer 100 Prozent Saft stehen, denn verdünnen können Sie selbst. Auch Direktsäfte enthalten den reinen Saft. Ihr großer Vorteil: Sie bestehen nicht wie viele Fruchsäfte aus Fruchtsaftkonzentraten, die eingedampft werden und dabei viele Aroma- und Vitalstoffe verlieren.

Mehr Wasser als Saft

Zwar klingt Nektar nach Natur und Reinheit, aber solch ein Getränk besteht meist zur Hälfte aus Wasser – und enthält auch nur halb so viel Vitalstoffe wie der reine Saft. Fruchtsaftgetränke müssen es sogar nur auf 3 Prozent (Zitrusfruchtsaftgetänke) bis 30 Prozent (Apfelfruchtsaftgetränk) Saftgehalt bringen. Viel Zucker ersetzt den fehlenden

Fruchtgeschmack. Deshalb kommt der süße Durstlöscher ohne Geschmack und großen Gesundheitswert meist auf mehr Kalorien als der reine Saft.

Saft, Trunk und Most

Bei den Gemüsegetränken unterscheiden sich Saft, Trunk und Most voneinander. Gemüsesaft bedeutet immer 100 Prozent Saft ohne Wasserzusatz. Ein Trunk enthält immerhin 60 Prozent Wasser, beim Rhabarbertrunk sogar 75 Prozent. Most dagegen muß aus 100 Prozent Frucht bestehen, deren Saft vergoren wurde. Einige Gemüsesäfte lassen sich auch milchsauer vergären, indem Milchsäurebakterien Zucker in Milchsäure umsetzen. Die Milchsäure kann Bakterien bekämpfen und die Abwehr stärken. Bei einem Most entsteht Alkohol. Doch der geringe Alkoholgehalt schadet einem Gesunden nicht, sondern ist laut neuen Studien Balsam für Herz und Kreislauf.

Säfte im Handel

Wann immer es das Angebot Ihres Lebensmittelhändlers erlaubt, sollten Sie reine Fruchtsäfte einkaufen. Doch Ananas-, Birnen-, Aprikosen-, Kirschsaft und andere Säfte gibt es oft nur als Nektar zu kaufen. Bei der Suche nach einem reinen 100-Prozent-Genuß können Sie in Reformhäusern, Naturkostgeschäften und gut sortierten Getränkeläden fündig werden. Selbst Erdbeeren, Aprikosen, Himbeeren, Kirschen, Holunderbeeren und andere Früchte stehen dort als purer Saft im Regal. Von einigen Obst- und den meisten Gemüsesorten suchen Sie aber den reinen Saft vergebens. Beispielsweise müssen Sie sich bei der Banane mit einem Nektar begnügen. Nehmen Sie es der Exotenfrucht nicht krumm. Als Saft hat sie einfach zu wenig Wasser, ähnlich wie Kiwi oder Papaya. Doch warum den Saft nicht selbst herstellen?

Pressen oder Pürieren

Rohes Obst und Gemüse enthält mehr Vitalstoffe als ihre Säfte, weil in aller Regel die gekauften Säfte pasteurisiert sind, um sie haltbar zu machen. Frischen, vitalstoffreicheren Orangen- oder Grapefruitsaft deshalb ganz einfach mit einer Saftpresse im Handumdrehen selbst herstellen. Und Beeren, Kiwis, Bananen, Mangos, Melonen, sogar viele Gemüsesorten können Sie mit einem simplen Pürierstab und etwas Flüssigkeit pürieren. Dann entweder durch ein Sieb streichen oder mit einem anderen Saft verdünnen – schon haben Sie alle löslichen Vitalstoffe im Glas. Sollten Sie zum Fruchtsaft-Fan werden, lohnt sich sicher ein Entsafter, der aus Obst und Gemüse in Sekunden frische Säfte zaubert. In diesem Buch finden Sie einfache Rezepte, für die Sie nur einen Pürierstab brauchen.

Natürliche Aktivstoffe

halten Kopf und Körper fit

Fruchtsaft stärkt die Abwehrkraft

Säfte stärken den Körper vor allem durch ihr Vitamin C und das Beta-Carotin. Beide Vitalstoffe stoppen die freien Radikale, die durch Schadstoffe, Streß und UV-Strahlung entstehen und die Körperzellen angreifen. Carotinoide und Flavonoide, zwei wichtige Gruppen aus einer Fülle von hochwirksamen Pflanzenstoffen, sind ebenfalls in Säften enthalten. Sie kitten erste Schäden der freien Radikale, damit die attackierten Zellen nicht zu Krebszellen entarten. Drinks aus Buttermilch, Kefir und Joghurt enthalten Milchsäurebakterien, die die Darmflora zum Sprießen bringen. Damit beugen diese Sauermilchprodukte Infektionen, Darmbeschwerden und vermutlich auch einem hohen Cholesterinspiegel vor.

In Bewegung bleiben

Viele Freizeitsportler und Gelegenheitstrimmer kennen die schmerzhaften Muskelkrämpfe. Dabei schlagen die Muskeln Alarm, weil es ihnen an Mineralstoffen mangelt, um noch länger mit voller Kraft zu arbeiten. Massage und Wärme können den Krampf meist schnell lösen. Beim Sport gehen dem Körper mit dem Schweiß auch immer Mineralstoffe verloren. Davon müssen insbesondere Magnesium und Kalium dem Körper wieder zurückgegeben werden. Auf höchst genußvolle Weise gelingt das mit frischen Sportler-Frucht- und Gemüse-Cocktails. Sie sind dank Gemüse, Kräutern und den richtigen Früchten prall gefüllt mit Mineralien. Mit den Drinks erhält der Körper gleich noch die Flüssigkeit zurück, die er beim Tennis, Joggen, Radeln, Kicken und im Sportstudio ausgeschwitzt hat. Ein reiner Saft wäre zu konzentriert und würde zu wenig Wasser erhalten, um den Schweißverlust auszugleichen. Daher sollten Sportler reine Säfte verdünnen, am besten mit magnesiumreichen Mineralwasser. Ein Sportler-Energy-Drink muß nicht viel Eiweiß enthalten. Freizeitsportler decken ihren Eiweißbedarf spielend mit einer normalen Ernährung.

Den Stress wegtrinken

Es gibt zwei Streßtypen: Menschen, die bei Hektik und Druck sich mit Schokolade und Chips trösten und andere, die das Essen ganz vergessen. Beides ist ungesund. Verwöhnen Sie Ihre Nerven mit reichlich Aufbaunahrung wie Flips und Milchshakes.

Denn das Vitamin B_2 aus Milchprodukten läßt Sie auch bei dünnen Nervenbündeln nicht im Stich. Buttermilch fördert die Konzentration durch eine Extraportion Lecithin. Und wer den Streß auch noch mit Gute-Laune-Stoffen entgegentreten will, braucht lang anhaltende Kohlenhydrate, zum Beispiel aus der Banane oder reichlich Vitamin C aus Sanddorn, Kiwi oder Kohlrabi.

Gesunde Verdauung

Wenn Darm und Magen streiken, ist das ein Zeichen der Vernachlässigung. Einige Drinks können dann dank Ballaststoffen, Milchsäure oder einfach nur durch reichlich Flüssigkeit leichte Beschwerden wieder ins Lot rücken. Sie beseitigen aber nicht den eigentlichen Auslöser für Ihre Beschwerde. Sollten Sie sogar Bauchschmerzen plagen, müssen Sie auf kalte Cocktails verzichten.

Entschlacken

Je mehr Flüssigkeit die Nieren ausscheiden müssen, desto mehr Abfallprodukte des Stoffwechsels – sogenannte Schlacken – und damit auch das daran gebundene Wasser kann der Körper loswerden. Das entlastet Herz und Kreislauf. Diese innere Reinigung muß weder bitter noch eintönig sein. Idealerweise enthalten diese Entschlakkungsdrinks kaliumreiche Früchte oder Gemüse und vor allem reichlich Wasser. Je mehr Sie davon trinken, desto besser.

Trink-hilfe

Drinks für viele Anlässe

Wer möchte nicht einfach seine Beschwerden herunterschlucken. Mit dem richtigen Drink könnte es glücken! Die umfangreiche Tabelle hilft Ihnen, die richtigen Cocktails zu finden. Die meisten helfen Ihrem Immunsystem oder halten Sie geistig fit. Andere Drinks enthalten viele Mineralstoffe und nicht zu viel Zucker, so daß sie für Freizeitsportler genau richtig sind. Aber auch bei Darmproblemen finden Sie Drinks, die mit Joghurt oder Ballaststoffen den Darm fit halten. Und wer »entschlacken« oder – besser gesagt – entwässern möchte, nimmt dafür Säfte mit viel Kalium oder eine Tee-Fruchtsaft-Mischung. Sie haben die Wahl! Probieren Sie die Drinks Ihrer Wahl einfach aus. Sie werden begeistert sein.

Übrigens: Wer eine Krankheit hat, braucht den Rat eines Arztes. Die Energie-Drinks können keinen Arztbesuch und auch kein Medikament ersetzen.

zum Entschlacken und Entwässern

- Anti-Grippe Punsch
- Apfel-Lindenblüten Punsch
- Aprikosen-Apfel-Molkedrink
- Beeren-Bowle mit Fruchtsaft
- Brokkoli-Birnen-Ananas-Saft
- Dill-Gemüse Drink
- Exoten-Energy-Cocktail
- Feldsalat Buttermilch-Flip
- Fenchel-Exoten Punsch
- Frucht-Phantasie Cocktail
- Fruchtiger Erdbeer-Flip
- Green Card Cocktail
- Gurken-Melonen Milch
- Kamillen-Zitrus Punsch
- Pikanter Gemüse-Drink
- Pink Kiwi Colada
- Radieschen-Kohlrabi-Cocktail
- Sweet Buttermilch-Shake
- Winterwonnen Punsch

Für Aktive und Sportler

- Beeren-Bowle mit Fruchtsaft
- Dill-Gemüse Drink
- Feldsalat Buttermilch-Flip
- Green Card Cocktail
- Gurken-Melonen Milch
- Mango-Joghurt-Eis in Ananaskefir
- Pink Kiwi Colada
- Radieschen-Kohlrabi-Cocktail
- Sanddorn Salbei-Punsch

BEI STRESS

- Ananas Mandel-Milch
- Aprikosen-Apfel-Molkedrink
- Bananen Feigen-Milch
- Beeren Bananen-Flip
- Buttermilch-Kokos Shake
- Drink weiß-rot-grün
- Drive-in Drink
- Exoten-Energy-Cocktail
- Feldsalat Buttermilch-Flip
- Fruchtiger Erdbeerflip
- Green Card Cocktail
- Gurken-Melonen Milch
- Gute Laune Mischung
- Highway to Holiday
- Himbeer-Buttermilch Shake
- Nachtschwärmer Cocktail
- Pflaumen Joghurt-Flip
- Pikanter Gemüse-Drink
- Radieschen-Kohlrabi-Cocktail
- Red Panthers Punch
- Rosaroter Kefir-Flip
- Sanddorn Salbei-Punsch
- Sun-Blocker Cocktail
- Sweet Buttermilch-Shake
- Vitalkur-Fruchtcocktail
- White Wellness Flip

FÜR EIN STARKES IMMUNSYSTEM

- Anti-Grippe Punsch
- Apfel-Lindenblüten Punsch
- Dill-Gemüse Drink
- Drive-in Drink
- Erdbeer-Mango Cooler
- Exoten-Energy-Cocktail
- Fenchel-Exoten Punsch
- Frischer Frühlingswind
- Guten Morgen Wecker
- Kamillen-Zitrus Punsch
- Karibik-Kokos Cocktail
- Kiwi-Shake mit Meloneneis
- Nachtschwärmer Cocktail
- Obstgarten-Cocktail
- Blaue Stunde
- Pikanter Gemüse-Drink
- Pink Kiwi Colada
- Quick & Easy Drink
- Red Panthers Punch
- Rote Paprika Power
- Sanddorn Salbei-Punsch
- Slight Summer-Dream
- Sun-Blocker Cocktail
- Sweet Iron-Man
- White Wellness Flip
- Winterwonnen Punsch

FÜR MAGEN UND DARM

- Anti-Grippe Punsch
- Apfel-Lindenblüten Punsch
- Aprikosen-Apfel-Molke-drink
- Bananen Feigen-Milch
- Brokkoli-Birnen-Ananas-Saft
- Drive-in Drink
- Frischer Frühlingswind
- Frucht-Phantasie Cocktail
- Fruchtiger Erdbeer-Flip
- Green Card Cocktail
- Himbeer-Buttermilch Shake
- Joghurt Pousse-Café
- Kiwi-Shake mit Meloneneis
- Mango-Joghurt-Eis in Ananaskefir
- Obstgarten-Cocktail
- Blaue Stunde
- Pflaumen Joghurt-Flip
- Pikanter Gemüse-Drink
- Rosaroter Kefir-Flip
- Sanddorn Salbei-Punsch
- Sweet Iron-Man
- Vitalkur-Fruchtcocktail
- Winterwonnen Punsch

Power-woche

Für mehr Fitneß und gute Laune

Trinken Sie sich fit!

Sind Sie müde, unkonzentriert und schlecht gelaunt? Dann brauchen Sie eine Powerwoche mit vielen frischen Cocktails. Drei Energie-Drinks, schnell gepreßt, im Nu gemixt geben Ihnen selbst im größten Streß neue Kraft. Drei kleine Doping-Spritzen in Form raffinierter und einfacher Saft-, Milch- und Tee-Mixturen machen Sie mobil, retten über Mittagstiefs, Frühlingsmüdigkeit, Herbstdepression und sonstige Alltagstiefs hinweg.

Leicht essen und trinken

Leider nützen die besten Drinks nichts, wenn Sie sich falsch ernähren. Eine fett- und eiweißreiche Ernährung schadet dem Körper, kostet Kraft und liefert viel zu viele Kalorien. Deshalb weniger fettes Fleisch, aber mehr mageren Fisch, weniger Wurst, dafür mehr fettarmen Frischkäse. Und statt Streichfett lieber Schmand aufs Brot, oft geht´s auch ganz ohne. Wovon eine Fitneßernährung jedoch nie genug haben kann, sind Gemüse und Obst, Nudeln, Kartoffeln, Reis und Vollkornbrot. Die bringen jede Menge Kohlenhydrate, so daß Muskeln und graue Zellen schnell verfügbares Brennmaterial haben und aktiv bleiben.

Es kann nichts schiefgehen

Auch Säfte enthalten viele Kohlenhydrate, passen daher wunderbar in die Fitneßernährung hinein. Im Wochenplan sind jeden Tag drei Säfte vorgesehen. Die drei Säfte sind gut aufeinander abgestimmt, doch wenn Sie mal einen Saft überhaupt nicht mögen, Ihnen die Zutaten fehlen oder die Zeit, dann reichen auch zwei unterschiedliche Säfte. Von einem bereiten Sie dann einfach eine doppelte Portion zu, die Sie zweimal am Tag trinken. Die Säfte für den Morgen (erster Vorschlag) und Abend (letzter Vorschlag) sind jeweils etwas aufwendiger, die Mittagsvorschläge können superschnell gemixt werden. Und für die besonderen Ansprüche von Morgenmuffeln, Kopfarbeitern, Kindern oder Nachtschwärmern finden Sie in der Liste ebenfalls die richtigen Drinks, die Sie mühelos in den Wochenplan einbauen können.

WOCHENPLAN

Montag

❋ White Wellness Flip ❋ Buttermilch Kokos-Shake ❋ Fenchel-Exoten-Punsch

Dienstag

❋ Guten Morgen Wecker ❋ Sweet Iron-Man ❋ Rote Paprika Power

Mittwoch

❋ Rosaroter Kefir-Flip ❋ Frucht-Phantasie-Cocktail ❋ Kamillen-Zitrus Punsch

Donnerstag

❋ Quick & Easy Drink ❋ Sweet Buttermilch-Shake ❋ Pikanter Gemüse-Drink

Freitag

❋ Pink Kiwi Colada ❋ Drive-in Drink ❋ Drink weiß-rot-grün

Samstag

❋ Sun-Blocker Cocktail ❋ Bananen Feigen-Milch ❋ Nachtschwärmer Cocktail

Sonntag

❋ Red Panthers Punch ❋ Beeren-Bowle mit Fruchtsaft ❋ Apfel-Lindenblüten Punsch

Für mißmutige Morgenmuffel

Drive-in Drink ❋ Frischer Frühlingswind ❋ Gute Laune Mischung ❋ Guten Morgen Wecker ❋ Quick & Easy Drink ❋ Vitalkur-Fruchtcocktail

Für nimmermüde Nachtschwärmer

Beeren Bananen-Flip ❋ Dill-Gemüse Drink ❋ Green Card Cocktail ❋ Nachtschwärmer Cocktail ❋ Pikanter Gemüse-Drink ❋ Rote Paprika Power

Für fitte Kids

Exoten-Energy-Cocktail ❋ Fruchtiger Erdbeer-Flip ❋ Gute Laune Mischung ❋ Highway to Holiday ❋ Himbeer-Buttermilch Shake ❋ Red Panthers Punch

Für konzentrierte Kopfarbeiter

Ananas Mandel-Milch ❋ Bananen Feigen-Milch ❋ Beeren Bananen-Flip ❋ Sweet-Iron-Man ❋ White Wellness Flip ❋ Winterwonnen Punsch

Exoten-Energy-Cocktail

aus acht frischen Früchten

Zutaten für 2 Drinks: • 1 kleine Papaya • 4 Kiwis • 2 Orangen • 1 Grapefruit • 1 Vanilleschote • kühles Mineralwasser

Die Papaya schälen, halbieren, Kerne entfernen. Die Kiwis schälen. Zur Dekoration zwei große Kiwischeiben abschneiden. Papaya und Kiwis sehr fein pürieren. Die Schale der Orangen sehr dünn spiralförmig abschneiden. Grapefruit und Orangen auspressen. Saft und Fruchtpüree verrühren. Vanilleschote längs aufschlitzen, das Mark herauskratzen. Mit etwas Mineralwasser verdünnen, auf zwei große Gläser verteilen. Die Kiwischeiben einschneiden, auf den Glasrand stecken. Die Spiralen über den Glasrand legen. Mit Trinkhalmen servieren.

UTENSILIEN: PÜRIERSTAB • ZITRUSPRESSE • 2 STROHHALME

power

White Wellness Flip

mit natürlichen Fitneß-Mineralien

Zutaten für 2 Drinks: • 2 Kiwis • 1 Banane • 100 ml Buttermilch • 150 ml Apfelsaft • Mineralwasser • Vanillezucker • Schokoraspel

Kiwis und Banane schälen, einige Kiwi- und Bananenscheiben abschneiden und beiseite legen. Restliche Früchte kleinschneiden, mit Buttermilch und Apfelsaft pürieren. Eventuell Mineralwasser unterrühren. Mit Vanillezucker abschmecken. In Gläser füllen. Mit Kiwi- und Bananenscheiben garnieren, mit Schokoraspeln bestreut servieren.

UTENSILIEN: PÜRIERSTAB

power

Red Panthers Punch

wilde Mischung aus Papaya-Püree und Karottensaft

Zutaten für 2 Drinks: • 1/2 Papaya • 100 ml Birnensaft • 100 ml Orangensaft • 100 ml Karottensaft

Die Papaya schälen, Kerne entfernen, für die Dekoration zwei schmale Spalten abschneiden. Das restliche Fruchtfleisch kleinschneiden und mit den drei Säften pürieren. In Gläser geben, Papayaspalten einschneiden und auf die Glasränder setzen. Mit Strohhalm servieren.

UTENSILIEN: DICKE STROHHALME

power

Guten Morgen Wecker

Vitalstoffe zum Aufwachen

Zutaten für 2 Drinks:
1 unbehandelte Orange
1/2 Cantaloup-Melone
100 ml heller Traubensaft
1 EL Mandelmus

Die Orange waschen, abtrocknen und die Schale sehr fein mit einem scharfen Messer spiralförmig abschneiden. Die Spiralen beiseite legen. Die Orange halbieren und den Saft auspressen.

Die Melone halbieren, die Kerne mit einem Löffel entfernen und das Fruchtfleisch aus der Schale herauslösen. Zwei größere Fruchtstücke abschneiden und zum Dekorieren beiseite legen. Das restliche Fruchtfleisch mit dem Orangen- und Traubensaft sowie dem Mandelmus mit dem Pürierstab pürieren.

In große Gläser füllen. Die Melonenstücke einschneiden und auf den Glasrand stecken. Die Gläser mit den Spiralen aus der Orangenschale garnieren und servieren.

UTENSILIEN: ZITRUSPRESSE • PÜRIERSTAB • 2 GROSSE GLÄSER

Cantaloup-Melone

Unter allen Melonen enthält die Cantaloup-Melone die meisten Carotinoide, um die Körperzellen fit zu halten. Deshalb wird sie allen anderen Melonen vorgezogen. Achten Sie immer darauf, daß die Melone reif ist: Ihr Boden muß aromatisch duften und auf Daumendruck leicht nachgeben.

power

Dill-Gemüse Drink

viel Kalium entwässert und entschlackt

Den Dill waschen. Einige Dillzweige beiseite legen. Mit dem Küchentuch abtrocknen. Den Dill von den groben Stielen zupfen und kleinschneiden. Die Gurke schälen und in dicke Scheiben schneiden, einige Scheiben für die Dekoration beiseite legen.

Zutaten für 2 Drinks:
1 Bund Dill
1 kleine Salatgurke
200 ml Tomatensaft
100 ml Karottensaft
Cayennepfeffer

Die restlichen Gurkenstücke, Dill, Tomaten- und Karottensaft sehr fein pürieren. Mit Cayennepfeffer würzen. Den Drink in große Gläser geben. Die Gurkenscheiben einschneiden und auf den Glasrand stecken. Oder jeweils 2 Gurkenscheiben auf ein Holzstäbchen stecken, den Drink damit garnieren und servieren.

UTENSILIEN: PÜRIERSTAB • 2 GROSSE GLÄSER

DEKOTIP: Eine ungeschälte Salatgurke längs halbieren. Mit einem Sparschäler dünne Gurkenstreifen abschneiden. Jeweils eine Cocktailtomate und einen Dillzweig in einen Gurkenstreifen eindrehen. Zusammen mit einer Cocktailtomate auf einen Holzspieß stecken und quer auf das Glas legen.

Dill auf Vorrat

Frischer Dill hält sich nicht lange und getrocknetem fehlt das Aroma. Damit Sie Dill trotzdem immer vorrätig haben, können Sie das aromatische Kraut kleinschneiden und einfrieren.

power

Pikanter Gemüse-Drink

Vitalstoffe in Hülle und Fülle

Die Paprikaschote halbieren, die Kerne und Trennwände entfernen, die Hälften waschen. Die Paprikahälften kleinschneiden. Petersilie waschen und mit einem Küchentuch trockentupfen. Die Petersilienblätter von den Stengeln zupfen, einige Blättchen für die Dekoration beiseite legen. Die restlichen mit den Paprikastücken, Tomatensaft und Fleischfond mit dem Pürierstab pürieren.

Zutaten für 2 Drinks:
1 rote Paprikaschote
1/2 Bund Petersilie
200 ml Tomatensaft
200 ml Fleischfond
Tabasco
Zitronensaft
Salz
Pfeffer

Mit Tabasco, Zitronensaft, Salz und Pfeffer abschmecken. Die Mischung in große Gläser geben und mit den Petersilienblättchen garniert sofort servieren.

UTENSILIEN: PÜRIERSTAB • 2 GROSSE GLÄSER

VARIANTE: Probieren Sie diesen Drink auch mal mit Gemüsebrühe und Karottensaft anstatt Fleischbrühe und Tomatensaft. Dabei auf Tabasco und Zitronensaft verzichten, dafür mit mildem Curry würzen.

DEKOTIP: Von der Paprikahälfte zwei breite Streifen abschneiden und als eßbaren Rührstab in den Drink geben.

Paprika

Der rote Gemüsepaprika enthält weit mehr Vitamin C als der grüne. Für beide gilt: Braune Flecken haben auf der Schale nichts zu suchen. Sie zeigen an, daß die Paprikaschote nicht mehr ganz frisch ist.

power

Frucht-Phantasie Cocktail

belebt Verdauung und Stoffwechsel

Zutaten für 2 Drinks: • 100 ml Sauerkrautsaft , milchsauer vergoren • 100 ml Ananassaft • 200 ml Apfelsaft • je 2 Ananas- und Apfelstücke • Minzeblätter

Den Sauerkrautsaft mit Ananas- und Apfelsaft verrühren. Den Drink in zwei große Gläser füllen. Ananas- und Apfelstücke einschneiden und auf die Glasränder setzen. Die Minzeblätter waschen, mit einem Küchentuch trockentupfen. Cocktail mit der Minze garnieren und mit einem Strohhalm servieren.

UTENSILIEN: 2 STROHHALME

power

Drink weiß-rot-grün

nach italienischem Vorbild

Zutaten für 2 Drinks: • 1 Bund Basilikum • 200 ml Tomatensaft • 150 g Sahnejoghurt • Aceto balsamico • Olivenöl • Pfeffer • Salz • Cocktailtomaten

Basilikum waschen, abtrocknen, die Blättchen abzupfen. Einige Blättchen beiseite legen, die restlichen kleinhacken, mit Tomatensaft und Joghurt pürieren. Mit Essig, Olivenöl, Pfeffer und Salz abschmecken. In große Gläser geben. Cocktailtomaten waschen, einschneiden und auf den Glasrand stecken. Mit Basilikum servieren.

UTENSILIEN: PÜRIERSTAB

power

Frischer Frühlingswind

mit den Immun-Vitaminen A, C und E

Die Nektarine waschen, abtrocknen, halbieren und den Stein herauslösen. Von den Nektarinenhälften einige schmale Spalten abschneiden und für die Dekoration beiseite legen.

Zutaten für 2 Drinks:
1 Nektarine
1 EL Mandelmus
100 ml Grapefruitsaft
100 ml Orangensaft
100 ml Birnensaft

Die Nektarinenhälften schälen und zusammen mit dem Mandelmus, dem Grapefruit-, Orangen- und Birnensaft sehr schaumig und fein pürieren. Den Cocktail in große Gläser füllen. Für die Dekoration die Nektarinenspalten einschneiden und auf den Glasrand stecken. Den Drink sofort servieren.

UTENSILIEN: PÜRIERSTAB • 2 GROSSE GLÄSER

VARIANTE: Diesen Drink können Sie auch mit Pfirsichen oder mit Mango zubereiten. Dazu die Mango schälen und am besten mit einem flexiblen Filetiermesser das Fruchtfleisch vom Stein schneiden. Das Fruchtfleisch mit den Säften pürieren.

DEKOTIP: Statt mit Nektarinenspalten können Sie den Glasrand auch mit Kokosflocken dekorieren. Den Glasrand erst in Birnensaft und dann in Kokosflocken tauchen. Den Drink vorsichtig in die Gläser füllen.

power

Radieschen-Kohlrabi-Cocktail

mit Carotinoiden und Vitamin C

Zutaten für 2 Drinks: • **6 Radieschen** • **1/2 kleiner Kohlrabi** • **100 ml Selleriesaft** • **200 g Kefir** • **Selleriesalz** • **Pfeffer** • **2 Stangen Staudensellerie**

Radieschen und Kohlrabi putzen. Die Radieschen waschen, Kohlrabi schälen, beides kleinschneiden und mit dem Selleriesaft pürieren. Durch ein Sieb streichen und mit Kefir gut verrühren. Mit Selleriesalz und Pfeffer abschmecken. In große Gläser geben. Den Staudensellerie putzen und waschen. Den Cocktail mit je 1 Stange Staudensellerie garnieren und servieren.

UTENSILIEN: PÜRIERSTAB • SIEB

power

Rosaroter Kefir-Flip

Abwehrtrio: Beta-Carotin, Vitamin C und Milchsäure

Zutaten für 2 Drinks: • **100 ml Rote-Bete-Saft, milchsauer vergoren** • **100 g Kefir** • **100 ml Karottensaft** • **100 ml schwarzer Johannisbeersaft** • **Pfeffer** • **Salz** • **Korianderpulver**

Rote-Bete-Saft mit Kefir, Karotten- und Johannisbeersaft verrühren. Mit Pfeffer, Salz und Korianderpulver abschmecken. Den Kefir-Flip in große Gläser geben und mit einem Strohhalm servieren.

UTENSILIEN: 2 STROHHALME

power

Quick & Easy Drink

für den großen Genuß

Die Mango schälen, das Fruchtfleisch mit einem flexiblen Filetiermesser erst vom Stein schneiden und dann kleinschneiden. Das Fruchtfleisch zusammen mit dem Grapefruit-, Ananas- und Traubensaft pürieren. Kokosraspeln in einer Pfanne ohne Fett goldbraun rösten. Für die Dekoration den Glasrand erst in Ananassaft tauchen und dann in einem Teil der Kokosraspel. Den Drink vorsichtig in die Gläser füllen und mit Kokosraspeln und Vanillezucker bestreuen. Mit Strohhalmen servieren.

Zutaten für 2 Drinks:
1 kleine Mango
100 ml Grapefruitsaft
100 ml Ananassaft
100 ml Traubensaft
Kokosraspel
Vanillezucker

Utensilien: Pürierstab • 2 breite Strohhalme • 2 grosse Gläser

Dekotip: Einen Mangoschnitz in gerösteten Kokosraspeln wenden, etwas antrocknen lassen und an den Glasrand stecken.

Mango

Diese exotische Frucht enthält viele Schutz-Vitamine und stärkt damit die Abwehrkraft. Im Innern hat sie einen großen, harten Stein. Um das Fruchtfleisch sauber davon zu trennen, schneiden Sie die Mango mit einem flexiblen Filetiermesser links und rechts möglichst nahe am Stein durch. Übrigens sagt die Mangofarbe nicht immer etwas über den Reifegrad aus.

power

Mango-Joghurt-Eis in Ananaskefir

fettarmer Fitmacher für heiße Tage

Zucker zusammen mit Wasser aufkochen und auf Kühlschranktemperatur abkühlen lassen. Die Limette waschen und abtrocknen. Die Schale sehr fein spiralförmig abschneiden. Die Limette halbieren und den Saft auspressen.

Mango schälen, das Fruchtfleisch mit einem flexiblen Filetiermesser vom Stein schneiden und in Stücke schneiden. Die Fruchtstücke mit dem kalten Zuckerwasser, dem Limettensaft und dem Joghurt mit dem Pürierstab pürieren.

Die Masse sofort in ein flaches Gefäß geben, etwa 4 Stunden im Tiefgefrierfach gefrieren lassen, dabei mehrmals gut durchrühren.

Den Ananassaft mit Kefir verrühren und in große Gläser geben. Kugeln vom Mango-Joghurt-Eis abstechen und in den Ananaskefir geben. Mit den Spiralen der Limettenschale garnieren und servieren.

Zutaten für 2 Drinks:

2 EL Zucker
2 EL Wasser
1 Limette
1/2 Mango
100 g Magerjoghurt (probiotisch)
200 ml Ananassaft
200 g Kefir

Utensilien: Pürierstab • 3-Sterne-Gefrierfach

Variante: Statt der Mango 200 g Erd-, Him- oder Heidelbeeren waschen, putzen und mit Joghurt pürieren. Statt mit der Limette das Eis mit 2 Eßlöffeln Kokosraspeln und 1 Eßlöffel Schokoraspeln aromatisieren und je nach Süße der Beeren etwas Honig zugeben.

power

Karibik-Kokos
mit der bitteren Note der Grapefruit
Cocktail

Die Nektarine waschen, abtrocknen, halbieren und den Stein herauslösen. Die Papaya schälen, halbieren und die Kerne entfernen. Die Grapefruit waschen und halbieren. Aus einer Grapefruithälfte zwei Spalten abschneiden und für die Dekoration beiseite legen. Die Grapefruit auspressen.

Zutaten für 2 Drinks:
1 Nektarine
1 kleine Papaya
1 unbehandelte Grapefruit
2 EL Kokosraspel oder
2 TL Kokossirup
100 ml kalter Traubensaft
kaltes Mineralwasser

Das Fruchtfleisch der Nektarine und Papaya zusammen mit den Kokosraspeln oder dem Kokossirup, dem Trauben- und Grapefruitsaft pürieren. Den Drink in große Gläser füllen, eventuell mit etwas Mineralwasser verdünnen. Den Cocktail mit Kokosraspeln bestreuen, die Grapefruitspalten etwas einschneiden, an den Glasrand stecken und sofort servieren.

Utensilien: Zitruspresse • Pürierstab • 2 grosse Gläser

Variante: Statt mit Papaya können Sie den Cocktail auch mit Mango zubereiten. Dazu die Mango schälen, Fruchtfleisch vom Stein schneiden und wie im Rezept beschrieben mit den Zutaten pürieren.

Papaya

Die Tropenfrucht liefert die Abwehrvitamine A und C, die vor Grippe und den Schäden der aggressiven Sonnenstrahlen schützen. Die Schale der Papaya sollte nicht mehr grün, sondern gelb-orange sein – ein Zeichen für Reife.

power

Gute Laune

schmeckt morgens und um Mitternacht

Mischung

Zutaten für 2 Drinks: • 100 ml heller Traubensaft • 3 unbehandelte Orangen • 100 ml Birnensaft

Etwas Traubensaft in einer Eiswürfelschale etwa 4 Stunden gefrieren lassen. Orangen halbieren, 2 Scheiben abschneiden und beiseite legen, den Saft auspressen. Den Orangen- mit dem restlichen Trauben- und Birnensaft mixen. 2–3 Traubensaft-Eiswürfel jeweils in ein Glas geben. Die Mischung dazugeben. Die Orangenscheiben einschneiden, an die Gläser stecken und servieren.

UTENSILIEN: ZITRUSPRESSE • EISWÜRFELSCHALE • 3-STERNE-GEFRIERFACH

power

Pink Kiwi

auf gestoßenem Eis

Colada

Zutaten für 2 Drinks: • 1 Papaya • 4 Kiwis • 100 ml Kirschsaft • 100 ml Birnensaft • Soda-Wasser • 4 Eiswürfel

Papaya schälen, halbieren, Kerne entfernen. Die Kiwis schälen. Papaya und Kiwis sehr fein pürieren und mit den beiden Fruchtsäften verrühren. Mit Soda verdünnen. Eiswürfel in einen Gefrierbeutel geben, kurz mit einem Hammer zerschlagen und in 2 Gläser geben. Mit dem Cocktail auffüllen. Mit Strohhalmen servieren.

UTENSILIEN: PÜRIERSTAB • 1 GEFRIERBEUTEL • 2 STROHHALME

power

Erdbeer-Mango Cooler

erfrischend und fitmachend

Die Erdbeeren waschen, putzen und auf einem Küchentuch abtropfen lassen. Die Mango schälen. Das Fruchtfleisch mit einem flexiblen Filetiermesser vom Stein abschneiden und dann kleinschneiden. Die Limetten waschen und abtrocknen. Die Schale sehr fein spiralförmig abschneiden. Die Limetten halbieren und den Saft auspressen.

Zutaten für 2 Drinks:
100 g Erdbeeren
1 kleine Mango
2 Limetten
100 ml kalter Traubensaft
100 ml kalter Apfelsaft
kaltes Mineralwasser

Einige Erdbeeren in Scheiben schneiden und für die Dekoration beiseite legen. Die restlichen Erdbeeren und das Fruchtfleisch der Mango zusammen mit Limetten-, Trauben- und Apfelsaft pürieren. Eventuell etwas Mineralwasser unterrühren.

Erdbeer-Mango Cooler in große Gläser füllen und mit Spiralen aus der Limettenschale und den Erdbeerscheiben garnieren und servieren.

Utensilien: Zitruspresse • Pürierstab • 2 grosse Gläser

Mango schneiden

Die Mango nicht schälen, sondern erst das Fruchtfleisch samt Schale links und rechts vom Stein abschneiden. Die Fruchtfleischhälfte schachbrettartig mehrmals von links nach rechts und von oben nach unten vorsichtig einschneiden, dabei die Schale nicht durchtrennen. Die nach außen gewölbte Schale nach innen drücken, so daß die Fruchtstücke noch an der Schale haften und nach außen abstehen. Jetzt die Fruchtstücke von der Schale abschneiden.

power

Sun-Blocker Cocktail

reichlich Beta-Carotin pflegt die Haut

Zutaten für 2 Drinks: • 1 Mango • 100 ml Ananassaft • 100 ml Karottensaft • 100 ml Apfelsaft • Eiswürfel

Die Mango schälen, zur Dekoration eine Scheibe von der Mango abschneiden, restliches Fruchtfleisch vom Stein abtrennen, kleinschneiden und pürieren. Den Ananas-, Karotten- und Apfelsaft zugeben. Eiswürfel in große Gläser füllen, den Cocktail darübergeben. Mangoscheibe in zwei große Stücke teilen und den Rand der Gläser damit dekorieren.

Utensilien: Pürierstab • 2 grosse Gläser

power

Highway to Holiday

mit reichlich Vitalstoffen

Zutaten für 2 Drinks: • 1 Banane • 1 Mango • 150 ml Ananassaft • Tonic Water

Die Banane und die Mango schälen. Das Fruchtfleisch der Mango vom Stein abschneiden. Fruchtfleisch beider Früchte kleinschneiden und zusammen mit dem Ananassaft pürieren. Ist die Mischung zu dickflüssig, eventuell etwas Tonic Water unterrühren. In große Gläser füllen und jeweils mit einem Strohhalm servieren.

Utensilien: Pürierstab • 2 breite Strohhalme • 2 grosse Gläser

power

Slight Summer-Dream

mit Cantaloup-Melonen-Püree

Etwas Traubensaft in einer Eiswürfelschale gefrieren lassen. Die Melone halbieren und mit einem Löffel von den Kernen befreien. Das Fruchtfleisch vorsichtig aus der Melone herauslösen und kleinschneiden.

Die Mango schälen, das Fruchtfleisch mit einem Messer vom Stein abschneiden, dann kleinschneiden. Zusammen mit den Melonenstücken, dem Ananassaft und dem restlichen Traubensaft pürieren. 2 oder 3 Traubensaft-Eiswürfel jeweils in ein Glas geben. Den Fruchtcocktail dazugießen. Die Trauben waschen, trockentupfen und mit den Stielen über den Glasrand legen. Mit Strohhalmen servieren.

Zutaten für 2 Drinks:

100 ml heller Traubensaft
1/2 Cantaloup-Melone
1 Mango
200 ml Ananassaft
2 kleine helle Trauben

Utensilien: Pürierstab • 2 Strohhalme • 2 grosse Gläser

Dekotip: Geben Sie mit dem Traubensaft auch kleine kernlose Weintrauben in die Eiswürfelschale. Das macht die Eiswürfel noch attraktiver.

Trauben

Die grünen, hellen Trauben und erst recht die dunklen roten oder blauen bergen größere Mengen gesunder Pflanzenfarbstoffe, die Herz und Kreislauf jung und fit halten. Je mehr Sie von diesen sogenannten Flavonoiden essen oder trinken, desto geringer ist die Gefahr, einen Herzinfarkt zu bekommen. Sogar Krebserkrankungen können Sie damit vorbeugen.

power

Green Card Cocktail

Vitalstoffe ohne Grenzen

Den Dill und den Schnittlauch waschen, mit einem Küchentuch trockentupfen. Den Dill von den groben Stielen zupfen und kleinschneiden. Den Schnittlauch in feine Röllchen schneiden. Etwa 1 Teelöffel von den gehackten Kräutern für die Dekoration beiseite legen.
Die Avocado längs halbieren, den Stein heraustrennen. Von einer Hälfte zwei Spalten abschneiden. Das Fruchtfleisch aus der Schale herauslösen, zusammen mit den gehackten Kräutern und dem Kefir pürieren.
Ist der Drink zu dickflüssig, eventuell etwas Mineralwasser unterrühren. Den Cocktail je nach Geschmack mit Zitronensaft, Kardamom, Salz und Pfeffer abschmecken.
Den Cocktail in große Gläser geben. Die Avocadospalten so einschneiden, daß sie auf den Glasrand gesteckt werden können. Die Avocadospalten an die Glasränder stecken. Die Kräuter über den Drink streuen und sofort servieren.

UTENSILIEN: PÜRIERSTAB • 2 GROSSE GLÄSER

Zutaten für 2 Drinks:

1 Bund Dill
1 Bund Schnittlauch
1 Avocado
400 g Kefir
Mineralwasser
Zitronensaft
Kardamompulver
Salz
weißer Pfeffer

power

Scherenschnitt für Kräuter

Dill und Schnittlauch können Sie schneller mit der Küchenschere schneiden. Schnittlauch mit der Faust zusammenhalten und mit der Schere feine Röllchen abschneiden. Dillblättchen lassen sich mit einer spitzen Schere schnell von den groben Stielen abtrennen.

Beeren-Bowle mit Fruchtsaft

mit beliebigen Beeren der Saison

Die Beeren waschen, putzen, verlesen und auf einem Küchentuch abtropfen lassen. Größere Beeren eventuell halbieren. Die Limette waschen und abtrocknen. Die Schale mit einem scharfen Messer spiralförmig sehr fein abschneiden.

Zutaten für 2 Drinks:
2 EL Beeren nach Belieben
1 Limette
100 ml Kirschsaft
100 ml roter Johannisbeersaft
200 ml Tonic Water

Limette halbieren und den Saft auspressen. Zusammen mit dem Kirsch- und Johannisbeersaft kräftig verrühren und das Tonic Water auffüllen. Den Drink in große Gläser füllen. Die Beeren dazugeben und mit der Limettenspirale garnieren. Die Bowle sofort servieren.

UTENSILIEN: ZITRUSPRESSE • 2 GROSSE GLÄSER

DEKOTIP: Größere Beeren in Puderzucker und Kokosraspeln wälzen, dann auf den Rand der Gläser stecken. Bowle immer mit einem kleinen Spießchen servieren, auf das Sie je eine Cocktailkirsche, ein Stückchen Limette und eine Beere stecken.

Himbeeren

Diese Beeren sind recht teuer, doch wenn sie ihren vollen Geschmack entwickeln, lohnt sich der hohe Preis. Zumal die Himbeeren neben ihrem Aroma noch viele Vitamine, Mineralien, Ballaststoffe und andere Vitalstoffe in sich bergen. Damit aktivieren Sie Ihre Abwehr, helfen der Verdauung und stärken Herz und Kreislauf.

power

Rote Paprika Power

Push up für Körper und Geist

Zutaten für 2 Drinks: • 1 rote Paprikaschote • 100 ml Karottensaft • 100 ml Ananassaft • 100 ml Traubensaft • mildes Currypulver

Die Paprikaschote waschen, halbieren, Kerne, Stiel und Trennwände entfernen. Die Säfte mit dem Paprika-Fruchtfleisch entweder pürieren und durch ein Sieb geben, oder den Paprika entsaften und mit den Säften verrühren. In große Gläser geben und mit etwas Curry bestreuen.

UTENSILIEN: PÜRIERSTAB ODER ENTSAFTER

power

Brokkoli-Birnen-Ananas-Saft

mit spritziger Sauerkraut-Milchsäure

Zutaten für 2 Drinks: • 200 g Brokkoliröschen • 100 ml Ananassaft • 100 ml Birnensaft • 100 ml Sauerkrautsaft, milchsauer vergoren • Ingwerpulver

Brokkoliröschen waschen, einige Röschen beiseite legen. Die Säfte mit den restlichen Röschen entweder pürieren und durch ein Sieb geben, oder den Brokkoli entsaften und mit den Säften verrühren. Die restlichen Röschen einschneiden, auf die Glasränder setzen. Den Saft einfüllen und mit Ingwerpulver bestreut servieren.

UTENSILIEN: PÜRIERSTAB ODER ENTSAFTER

power

Vitalkur-Fruchtcocktail

mit aromatischem Drei-Frucht-Püree

Die Banane schälen, die Heidelbeeren waschen und verlesen. Die Nektarine halbieren, vom Stein befreien und schälen. Für die Dekoration von der Banane einige Scheiben abschneiden und zusammen mit einigen Heidelbeeren und kleinen Nektarinenstückchen beiseite legen.

Das restliche Fruchtfleisch mit dem Birnensaft und dem Kefir pürieren. Ist der Drink zu dickflüssig, eventuell etwas Mineralwasser unterrühren. Mit Zimt abschmecken. Den Cocktail in große Gläser füllen und mit wenig Zimt und Kakaopulver bestäuben.

Zutaten für 2 Drinks:
1 Banane
100 g Heidelbeeren
1 Nektarine
100 ml Birnensaft
100 g Kefir
Mineralwasser
Zimtpulver
Kakaopulver

Die Bananenstücke, Heidelbeeren und Nektarinenstückchen abwechselnd auf ein Holzstäbchen stecken. Das Stäbchen mit den Früchten auf die Glasränder legen und servieren.

UTENSILIEN: PÜRIERSTAB • 2 HOLZSTÄBCHEN • 2 GROSSE GLÄSER

DEKOTIP: Den oberen Rand der Gläser kurz in Birnensaft und dann sofort in Kakao- oder Zimtpulver tauchen. Den Fruchtcocktail vorsichtig in die Gläser füllen und servieren.

power

Nachtschwärmer Cocktail

mit dem Muntermacher Petersilie

Zutaten für 2 Drinks: • 200 ml Tomatensaft • 200 ml Apfelsaft • 1 Schuß Tabasco • Zitronensaft • Pfeffer • 6 Zweige Petersilie

Tomatensaft und Apfelsaft verrühren, mit Tabasco, einigen Spritzern Zitronensaft und Pfeffer abschmecken. Die Petersilie waschen, abtrocknen, die Hälfte sehr fein hacken und unter den Drink rühren. In Cocktailgläser füllen und mit den restlichen Petersilienblättern servieren.

UTENSILIEN: 2 GROSSE COCKTAILGLÄSER

power

Drive-in Drink

viel Magnesium kräftigt die Muskeln

Zutaten für 2 Drinks: • 1 Banane • 75 ml Tomatensaft • 75 ml Orangensaft • 75 ml Grapefruitsaft • 75 ml Ananassaft • Nelkenpulver • 2 Cocktailtomaten • 2 Ananasstücke

Banane schälen, kleinschneiden und mit dem Tomaten-, Orangen-, Grapefruit- und Ananassaft pürieren. Mit wenig Nelkenpulver abschmecken, in große Gläser geben. Tomaten und Ananasstücke einschneiden, auf den Rand der Gläser stecken. Mit Strohhalmen servieren.

UTENSILIEN: PÜRIERSTAB • 2 STROHHALME

power

Aprikosen-Apfel-Molkedrink

hält den Stoffwechsel fit

Die Aprikosen waschen, halbieren und die Steine entfernen. Für die Dekoration 2 Aprikosenhälften beiseite legen. Die restlichen Aprikosenhälften in kleine Stücke schneiden.

Die Aprikosenstücke zusammen mit dem Apfelsaft und der Molke pürieren, dann eventuell durch ein feines Sieb streichen. Den Molkedrink je nach Geschmack mit Vanillezucker abschmecken und in große Gläser geben.

Die beiseitegelegten Aprikosenhälften halbieren, etwas einschneiden, auf den Glasrand stecken und den Drink servieren.

UTENSILIEN: PÜRIERSTAB • SIEB • 2 GROSSE GLÄSER

Zutaten für 2 Drinks:
6 Aprikosen
200 ml Apfelsaft
150 ml Molke
Bourbon-Vanillezucker nach Belieben

DEKOTIP: Einen kleinen Apfel waschen, mit einem Ausstecher entkernen und in schmale runde Scheiben schneiden. Die Apfelscheiben kurz in Zitronensaft legen, an einer Stelle einschneiden und mit den Aprikosenstücken auf die Glasränder stecken.

Molke

Die Flüssigkeit, die bei der Käseherstellung übrigbleibt, heißt Molke. Sie enthält Milchsäure, aber auch wertvolle Eiweißstoffe, denen selbst Wissenschaftler nachsagen, daß sie sowohl den Hormonhaushalt als auch die Verdauung ankurbeln.

power

Kiwi-Shake mit Meloneneis

mit den Sommer-Vitaminen C und Beta-Carotin

Zucker und Wasser aufkochen, dann auf Kühlschranktemperatur abkühlen lassen. 2 Kiwis schälen und in Stücke schneiden. Das Fruchtfleisch mit einem Löffel aus der Schale lösen und ebenfalls in Stücke schneiden. Die Früchte zusammen mit dem kalten Zuckerwasser und dem Joghurt pürieren. Die Masse sofort in ein flaches Gefäß geben und mindestens 4 Stunden im Tiefgefrierfach gefrieren lassen, dabei mehrmals gut durchrühren.

Die restlichen Kiwis schälen, mit dem Pürierstab pürieren und mit Mineralwasser verrühren. Vanilleschote längs aufschlitzen, das Mark mit dem Messer herauskratzen und in das Kiwi-Mineralwasser geben. Je 1 Kugel Kiwi-Joghurt-Eis in große Gläser füllen, mit dem Kiwi-Mineralwasser auffüllen und sofort servieren.

Zutaten für 2 Drinks:

- 2 EL Zucker
- 2 EL Wasser
- 5 Kiwis
- 1/2 kleine Cantaloup-Melone
- 150 g Magerjoghurt (probiotisch)
- 200 ml Mineralwasser
- 1 Vanilleschote

UTENSILIEN: PÜRIERSTAB • 3-STERNE-GEFRIERFACH • 2 GROSSE GLÄSER

Enzyme in Früchten

Frische Kiwis, Mangos und Ananas enthalten Enzyme, die Eiweiße spalten. Deshalb werden Speisen in Kombination mit diesen Früchten und Gelatine nicht fest und kombiniert mit Quark oder Joghurt bitter. Damit die Enzyme in diesem Shake keine Bitterstoffe bilden, muß das Frucht-Joghurt-Püree sofort ins Tiefkühlfach (mindestens 3 Sterne).

power

Beeren Bananen-Flip

mit viel Lecithin und Mineralien für die Nerven

Die Banane schälen und einige Scheiben abschneiden. Die Bananenscheiben für die Dekoration beiseite legen. Die restliche Banane kleinschneiden. Die Beeren gründlich waschen, verlesen und auf einem Küchentuch abtropfen lassen. Einige Beeren ebenfalls beiseite legen.

Zutaten für 2 Drinks:
1 Banane
150 g Brombeeren
(oder andere Beeren)
2 EL Mandelmus
300 ml Buttermilch
Mineralwasser
Zimtpulver

Die restlichen Beeren zusammen mit den Bananenstücken, dem Mandelmus und der Buttermilch pürieren. Ist der Drink zu dickflüssig, etwas Mineralwasser unterrühren.

Mit wenig Zimt würzen. Den Flip in große Gläser geben und mit den beiseitegelegten Bananenscheiben und Beeren garnieren und servieren.

Utensilien: Pürierstab • 2 grosse Gläser

Variante: Aus diesem Flip wird ein kühler Sommer-Longdrink, wenn Sie einige Eiswürfel in einem Gefierbeutel mit dem Hammer zerschlagen, und die Eisstücke ins Glas geben.

Banane

Unter allen Obstsorten ist nur der Apfel beliebter. Bananen geben jedem Drink Süße und ein cremig-samtiges Mundgefühl. Kinder mögen das besonders gern. Und Eltern interessiert, daß die Banane reichlich Magnesium bietet. Das hält nicht nur strapazierte Kindermuskeln fit, sondern bewahrt auch Sportlerbeine vor quälenden Krämpfen.

power

Sweet Buttermilch-Shake

bringt neue Energie für Zwischendurch

Zutaten für 2 Drinks: • 200 ml Buttermilch • 100 ml Ananassaft • 100 ml Traubensaft • 2 Vanilleschoten • 2 lange Zimtstangen

Die Buttermilch mit dem Ananas- und Traubensaft verrühren. Die Vanilleschoten längs aufschneiden, das Mark mit einem spitzen Messer herauskratzen und in den Buttermilch-Shake rühren. Mit Zimtstangen und Strohhalmen servieren.

UTENSILIEN: 2 BREITE STROHHALME

Fruchtiger Erdbeer-Flip

mit frischem Kefir

Zutaten für 2 Drinks: • 200 g Erdbeeren • 2 EL Kefir • 100 ml Traubensaft • 100 ml Orangensaft • Vanilleschote

Erdbeeren waschen, putzen und abtropfen lassen. Erdbeeren mit Kefir, Trauben- und Orangensaft mit dem Pürierstab pürieren. Vanilleschote längs aufschneiden, das Mark herauskratzen und in den Flip rühren. In großen Gläsern servieren.

UTENSILIEN: PÜRIERSTAB • 2 GROSSE GLÄSER

Himbeer-Buttermilch Shake

viel Kalzium für stabile Knochen

Den Traubensaft in eine Eiswürfelschale füllen und im Gefrierfach gefrieren lassen. Die Himbeeren gründlich waschen, verlesen und auf einem Küchentuch abtropfen lassen. Einige Beeren für die Dekoration beiseite legen. Die restlichen Beeren zusammen mit dem Birnensaft und der Buttermilch pürieren. Ist die Mischung nicht flüssig genug, etwas kaltes Mineralwasser dazugeben. Die Traubensaft-Eiswürfel in große Gläser geben und mit dem Buttermilch-Shake auffüllen.

Zutaten für 2 Drinks:
50 ml Traubensaft
150 g Himbeeren
50 ml Birnensaft
200 ml Buttermilch
kaltes Mineralwasser
wenige helle kernlose Weintrauben

Die Trauben waschen, verlesen, abtropfen lassen, von den Stengeln zupfen und halbieren. Den Shake mit den Trauben und den Himbeeren garnieren und servieren.

UTENSILIEN: PÜRIERSTAB • EISWÜRFELSCHALE • 3-STERNE-GEFRIERFACH • 2 GROSSE GLÄSER

VARIANTE: Für einen kühlen Sommerdrink können Sie auch tiefgekühlte Himbeeren verwenden. Die Himbeeren nur antauen lassen. Den Traubensaft nicht gefrieren, sondern die Säfte mit den angetauten Beeren pürieren, dann Buttermilch unterrühren.

* Kalte Eiswürfel kühlen schlechter

Sind die Eiswürfel schon etwas angetaut, dann geben Sie ihre Kälte schneller an den Shake ab. Je kälter und größer die Eiswürfel, desto langsamer tauen sie auf und kühlen den Drink.

power

Buttermilch

mit fruchtigem Kirsch- und Ananassaft

Kokos-Shake

Zutaten für 2 Drinks: • 1 Vanilleschote • 1 EL Kokossirup oder 2 EL Kokosraspel • 100 ml Buttermilch • 200 ml Kirschsaft • 100 ml Ananassaft • Kokosraspel

Die Vanilleschote längs aufschlitzen und das Mark mit einem spitzen Messer herauskratzen. Mit dem Kokossirup oder den Kokosraspeln in die Buttermilch geben. Buttermilch mit Kirsch- und Ananassaft pürieren. Den Rand von zwei großen Gläsern in Ananassaft tauchen, dann in Kokosraspeln. Den Drink vorsichtig in die Gläser geben und servieren.

UTENSILIEN: PÜRIERSTAB

power

Joghurt

macht munter und gibt Energie

Pousse-Café

Zutaten für 2 Drinks: • 1 Banane • 150 g Joghurt • 100 ml Orangensaft • Bourbon-Vanillezucker • 50 ml Sanddornsaft, gesüßt • Kakaopulver • Schokoraspel

Die Banane schälen, mit dem Joghurt und dem Orangensaft pürieren. Mit dem Vanillezucker abschmecken. Den Joghurtdrink in zwei große Gläser geben. Den Sanddornsaft vorsichtig darüber gießen und nicht verrühren. Dick mit Kakao bestäuben und mit Schokoladenraspeln bestreut servieren.

UTENSILIEN: PÜRIERSTAB

power

Pflaumen Joghurt-Flip

mit kerngesunden Ballaststoffen

Die Pflaumen waschen, in einem Sieb abtropfen lassen, halbieren und von den Stielen befreien. Mit dem Pürierstab die Früchte zusammen mit dem Joghurt, dem Zucker und dem Apfelsaft pürieren. Ist der Joghurtdrink viel zu dickflüssig, noch einen Schuß Mineralwasser unterrühren.

Den Flip mit Zimt und Zitronensaft abschmecken. Den Flip in große Gläser geben und mit Zimt bestäuben. Die Drinks jeweils mit 1 Zimtstange garnieren und sofort servieren.

Zutaten für 2 Drinks:
150 g Pflaumen
200 g Joghurt
2 EL Zucker
100 ml Apfelsaft
Mineralwasser
Zimtpulver
Zitronensaft
2 lange Zimtstangen

UTENSILIEN: PÜRIERSTAB • 2 GROSSE GLÄSER

VARIANTE: Bereiten Sie den Flip mit Kefir zu, dann schmeckt er säuerlich und besonders frisch. Sie können ihn als sehr cremige Variante mit einer großen Banane statt mit Pflaumen zubereiten.

Joghurt

Für Joghurtdrinks sollten Sie immer einen milden, nicht zu sauren Joghurt verwenden. Außerdem sollte er nicht wärmebehandelt sein. Denn die Wärme tötet die Milchsäurebakterien ab, die die Darmbakterienflora unterstützen können. Damit schützen Sie sich vor Durchfällen und anderen unliebsamen Verdauungsproblemen. Probiotische Joghurts eignen sich besonders gut für die Regulierung Ihrer Verdauung.

power

Bananen Feigen-Milch

mit Zimt und Vanillemark

Die Banane schälen, einige Bananenscheiben abschneiden und für die Dekoration beiseite legen. Die restliche Banane in kleine Stücke schneiden.

Die Feigen aufschneiden, das Fruchtfleisch mit einem Teelöffel heraustrennen, zusammen mit den Bananenstücken und der Buttermilch fein pürieren.

Die Vanilleschote längs aufschlitzen, das Vanillemark mit einem spitzen Messer herauskratzen und in die Buttermilch geben.

Die Milch mit Mineralwasser auffüllen und mit Zimt abschmecken. In große Gläser geben, mit den beiseitegelegten Bananenscheiben garnieren, mit Zimt bestäuben und sofort servieren.

Zutaten für 2 Drinks:

1 Banane
2 frische Feigen
200 ml Buttermilch
Vanilleschote
200 ml Mineralwasser
Zimtpulver

Utensilien: Pürierstab • 2 grosse Gläser

Dekotip: Einige Eiswürfel in einem Gefrierbeutel zerschlagen und die Eisstücke ins Glas geben, dann die Bananen Feigen-Milch dazugießen. Den Drink mit Feigen- und Bananenscheiben garnieren und mit langen Vanilleschoten und Zimtstangen servieren.

Augen auf beim Feigenkauf

Unreife Feigen schmecken nicht. Kaufen Sie daher nur Feigen mit einer rotbraunen, leicht violetten Hautfarbe. Grünen Feigen fehlt die nötige Reife.

power

Ananas Mandel-Milch

B-Vitamine für Energie und Nervenkraft

Zutaten für 2 Drinks:
3 EL Mandelmus
70 g Kokosraspel
200 ml Ananassaft
100 ml Milch
100 ml Joghurt
Bourbon-Vanillezucker

Das Mandelmus zusammen mit 50 g Kokosraspel, dem Ananassaft, der Milch und dem Joghurt pürieren. Die Mischung mit Vanillezucker abschmecken.

Die restlichen Kokosraspeln in einer beschichteten Pfanne ohne Fett rösten, bis sie goldbraun sind. Die Mandelmilch in große Gläser geben und mit den gerösteten Kokosraspeln bestreuen. Die Ananas-Mandel-Milch sofort servieren.

UTENSILIEN: PÜRIERSTAB • 2 GROSSE GLÄSER

VARIANTE: Mögen Sie den Drink etwas herber, nehmen Sie anstelle der Milch Grapefruitsaft. Den Vanillezucker lassen Sie einfach weg.

DEKOTIP: Eine Scheibe Ananas aus der Dose abtropfen lassen, sechsteln und in Kokosraspeln wenden. Die Ananasstücke an die Glasränder stecken.

Kokosnuß

Die Raspeln der Kokosnuß schmecken zusammen mit Fruchtsäften sehr gut. Aber auch ihr hoher Selengehalt macht aus der kleinen weißen Zutat einen großen Fitmacher. Selen ist ein Spurenelement, das den Körper entgiftet, weil es Enzyme bildet, die Schadstoffe und Zellgifte unschädlich machen.

power

Feldsalat Buttermilch-Flip

Carotinoide entgiften den Körper

Zutaten für 2 Drinks: • 50 g Feldsalat • 3 EL Mandelmus • 100 ml Apfelsaft • 50 ml Tomatensaft • 200 ml Buttermilch • 1 unbehandelte Zitrone • Muskatnuß

Den Feldsalat gründlich waschen, einige kleine Blättchen beiseite legen, restliche mit Mandelmus, Apfel- und Tomatensaft und Buttermilch pürieren. Zitrone waschen, Schale sehr fein abreiben, halbieren und auspressen. Den Flip mit geriebener Zitronenschale, Zitronensaft und frisch geriebenem Muskat abschmecken.

Utensilien: Pürierstab

power

Gurken-Melonen Milch

Fitneß-Mix mit Vitaminen und Mineralien

Zutaten für 2 Drinks: • 1 Bund Dill • 1 Salatgurke • 1/2 Cantaloup-Melone • 100 ml Buttermilch • Salz • Pfeffer

Den Dill waschen, trockenschütteln und von den groben Stielen zupfen. Einige Dillzweige beiseite legen. Gurke schälen und in Scheiben schneiden, einige dicke Scheiben beiseite legen. Das Fruchtfleisch aus der Melonenhälfte lösen, mit Gurkenstückchen, Dill und Buttermilch pürieren. Mit Salz und Pfeffer abschmecken. In großen Gläsern mit Dillzweigen servieren.

Utensilien: Pürierstab

power

Anti-Gripper Punsch

mit viel Vitamin C

Das Wasser aufkochen lassen. Den Tee mit dem Wasser aufbrühen und 5 Minuten ziehen lassen. Die Orangen waschen, abtrocknen und die Schale mit einem Messer spiralförmig sehr fein abschälen. Die Orangen halbieren und den Saft auspressen.

Den Tee durch ein Sieb in einen Topf abgießen und mit dem Orangen- und Grapefruitsaft verrühren. Mit Sternanis und Zucker je nach Geschmack süßen.

Die Mischung im Topf kurz erhitzen, aber nicht kochen lassen. Mit Kandiszucker und Spiralen aus Orangenschale in heiß ausgespülten Punschgläsern servieren.

Utensilien: Zitruspresse • 2 dickwandige Punschgläser

Zutaten für 2 Drinks:

200 ml Wasser

2 TL Assam-Tee

2 unbehandelte Orangen

100 ml Grapefruitsaft

1 TL Sternanis

Zucker

2 EL brauner Kandis

Variante: Wer den Punsch etwas süßer mag, verwendet anstelle von Grapefruitsaft Traubensaft, 1 Teelöffel Zitronensaft und etwas Tannenhonig.

Vitamin C

Zitrusfrüchte sind reich an Vitamin C, deshalb gehört ihr Saft in viele Energie-Drinks, am besten frisch gepreßt. Dann erhält er die meisten Vitamine. Blutorangen bieten neben dem Abwehrvitamin auch noch Carotinoide. Beide Vitalstoffe ergänzen sich bei ihrer Aufgabe, die Körperzellen wirksam gegen aggressive Schadstoffe zu schützen.

power

Sweet Iron-Man

schmeckt kalt oder warm

Zutaten für 2 Drinks: • 200 ml Kirschsaft • 100 ml schwarzer Johannisbeersaft • 100 ml Rote-Bete-Saft, milchsauer vergoren • Nelkenpulver • Kardamompulver • 2 Johannisbeerrispen

Die Säfte in einem Topf verrühren und erhitzen. Je nach Geschmack mit Nelken- und Kardamompulver würzen und in heiß ausgespülte Punschgläser geben. Johannisbeerrispen auf die Glasränder geben und sofort servieren.

Utensilien: 2 dickwandige Punschgläser

power

Winterwonnen Punsch

das Richtige gegen Grippe

Zutaten für 2 Drinks: • 100 ml Wasser • 1 TL Hagebuttentee • 100 ml schwarzer Johannisbeersaft • 100 ml Traubensaft • Nelkenpulver

Das Wasser aufkochen. Den Tee mit dem Wasser aufgießen und 10 Minuten ziehen lassen. Den Tee durch ein Sieb abgießen und mit den beiden Säften verrühren. Mit etwas Nelkenpulver würzen. In heiß ausgespülten Punschgläsern servieren.

Utensilien: 2 dickwandige Punschgläser

power

Obstgarten-Cocktail

warme Säfte für kalte Stunden

Blaue Stunde

Frische Brombeeren vorsichtig waschen, verlesen und auf einem Küchentuch abtropfen lassen. Tiefgekülte Brombeeren erst auftauen lassen.

Den Trauben-, Johannisbeer- und Sauerkirschsaft in einem Topf kurz erwärmen, nicht aufkochen lassen. Die Brombeeren in den Topf geben und mit dem Pürierstab kurz pürieren. Den Cocktail mit Zimt abschmecken.

Den warmen Saft in heiß ausgespülte Punschgläser geben und mit langen Zimtstangen servieren.

Utensilien: Pürierstab • 2 dickwandige Punschgläser

Zutaten für 2 Drinks:
150 g Brombeeren
100 ml dunkler Traubensaft
100 ml schwarzer Johannisbeersaft
100 ml Sauerkirschsaft
Zimtpulver
2 lange Zimtstangen

Variante: Wer keine Lust auf einen warmen Cocktail hat, verzichtet einfach darauf, die Säfte zu erhitzen und läßt auch Zimt und Zimtstange weg. Statt dessen je nach Geschmack entweder etwas Zucker oder Ananassaft hinzufügen.

Dekotip: Kleine Ananasstückchen und Brombeeren abwechselnd auf Holzstäbchen spießen und dazu servieren.

Brombeeren

Frisch sind sie am besten, leider aber selten zu bekommen. Die tiefgekühlten Beeren schmecken jedoch auch sehr fruchtig und enthalten viele Mineralstoffe wie Kalzium, Magnesium und Eisen. Damit stärken Sie Knochen, Körper und Abwehrkraft.

power

Kamillen-Zitrus Punsch

hilft der Abwehr auf die Beine

Zutaten für 2 Drinks:
200 ml Wasser
2 TL Kamillentee
1/2 unbehandelte Zitrone
2 unbehandelte Orangen
1 Grapefruit
4 TL Zucker

Das Wasser aufkochen. Den Kamillentee mit dem Wasser überbrühen und 10 Minuten ziehen lassen. Inzwischen die Zitrone und die Orangen gründlich heiß waschen, abtrocknen und die Schalen mit einem scharfen Messer spiralförmig sehr fein abschneiden. Die Spiralen beiseite legen. Die Grapefruit und die Orangen halbieren und den Saft auspressen. Kamillentee durch ein Sieb in ein Gefäß abgießen und mit Zitronen-, Orangen- und Grapefruitsaft verrühren. Mit Zucker abschmecken. Die Punschgläser heiß ausspülen und den Punsch in die Gläser geben. Mit den Spiralen der Grapefruit- und Orangenschalen garnieren und servieren.

Utensilien: Zitruspresse • 2 dickwandige Punschgläser

Dekotip: Den Punsch mit frischen Kamillenblüten servieren oder zu den Spiralen Orangensegmente mit Schale an den Glasrand stecken.

* Mehr Druck für mehr Saft

Damit die Zitrusfrüchte möglichst viel Saft abgeben, können Sie Zitronen, Orangen und auch Grapefruits vorher mit der Hand hin und her rollen. Je mehr Druck Sie dabei aufwenden, desto mehr Saft tritt beim Auspressen aus den Fruchtsegmenten heraus.

power

Fenchel-Exoten Punsch

und der rauhe Hals wird wieder sanft

Das Wasser aufkochen. Den Fencheltee mit dem Wasser überbrühen und 10 Minuten ziehen lassen. Die Papaya von den Kernen befreien, dann schälen und das Fruchtfleisch in kleine Stücke schneiden.

Zutaten für 2 Drinks:
- **200 ml Wasser**
- **2 TL Fencheltee**
- **1/2 Papaya**
- **1/2 Cantaloup-Melone**
- **100 ml Ananassaft**
- **Ingwerpulver**

Von der Cantaloup-Melonenhälfte zwei schmale Spalten abschneiden. Das restliche Fruchtfleisch mit einem Löffel herauslösen, zusammen mit dem Fruchtfleisch der Papaya und dem Ananassaft pürieren. Den Fencheltee abgießen und mit der Frucht-Ananas-Mischung verrühren. Je nach Geschmack mit Ingwerpulver würzen. Die Punschgläser heiß ausspülen. Den Punsch in die Gläser geben und heiß servieren.

UTENSILIEN: PÜRIERSTAB • 2 DICKWANDIGE PUNSCHGLÄSER

Heilkräutertee

Heilkräutertees bekommen Sie selbst in kleinen Mengen lose in der Apotheke. Fencheltee hilft Ihnen beispielsweise bei Husten oder Kopfschmerzen, Kamillentee wirkt gegen Entzündungen und Magenschmerzen, Salbei bei Halsschmerzen und mit Lindenblütentee kurieren Sie Infektionen und Erkältungen. Wer keinen reinen Heilkräutertee mag, sollte eine Tee-Saft-Mischung probieren.

power

Sanddorn
mit Grapefruitsaft und Anis
Salbei-Punsch

Zutaten für 2 Drinks: • 200 ml Wasser • 1 TL Salbei • 100 ml Grapefruitsaft • 2 EL Sanddornsaft, gesüßt • 3 TL Honig • Anispulver • Zitronensaft

Das Wasser aufkochen. Den Salbei mit dem Wasser überbrühen und 10 Minuten ziehen lassen. Den Salbeitee abgießen und mit Grapefruitsaft, Sanddornsaft und Honig verrühren. Mit Anis und Zitronensaft abschmecken. Den Punsch in heiß ausgespülte Punschgläser geben und servieren.

UTENSILIEN: 2 DICKWANDIGE PUNSCHGLÄSER

power

Apfel-Lindenblüten
mit Ananassaft und Zitrone
Punsch

Zutaten für 2 Drinks: • 200 ml Wasser • 2 TL Lindenblütentee • 150 ml Apfelsaft • 50 ml Ananassaft • Zitronensaft • Zucker

Das Wasser aufkochen. Den Lindenblütentee mit Wasser überbrühen und 10 Minuten ziehen lassen. Den Tee abgießen und mit dem Apfel- und Ananassaft verrühren. Mit Zitronensaft und Zucker abschmecken. Den Punsch in heiß ausgespülte Punschgläser geben und servieren.

UTENSILIEN: 2 DICKWANDIGE PUNSCHGLÄSER

power

Hagebutten Heidelbeer-Punsch

mit Bioaktiv-Stoffen für streßreiche Tage

Das Wasser aufkochen. Den Hagebuttentee mit dem Wasser überbrühen und 10 Minuten ziehen lassen. Inzwischen die Heidelbeeren waschen, verlesen und auf einem Küchentuch abtropfen lassen. Einige Heidelbeeren für die Dekoration beiseite legen, die restlichen pürieren.

Den Hagebuttentee abgießen und zusammen mit dem Johannisbeersaft und den Heidelbeeren pürieren. Mit Zucker und Zimt abschmecken. Die Punschgläser heiß ausspülen. Den Punsch in die Gläser geben und mit Zimtstangen und einigen Heidelbeeren sofort servieren.

Zutaten für 2 Drinks:

200 ml Wasser
2 TL Hagebuttentee
100 g Heidelbeeren
100 ml Johannisbeersaft
2 TL Zucker
Zimtpulver
2 lange Zimtstangen

UTENSILIEN: PÜRIERSTAB • 2 DICKWANDIGE PUNSCHGLÄSER

VARIANTE: Um dem Gaumen noch mehr zu bieten, würzen Sie den Punsch mit 2 grob gemahlenen Gewürznelken und 4 zerstoßenen Pimentkörnern. Den heißen Punsch mit dunklem Kandiszucker und Sternanis servieren.

Der Trick mit dem Silberlöffel

Das Platzen des Punschglases vermeiden Sie, wenn Sie vorher einen Silberlöffel in das Glas stellen. Den heißen Punsch einfach über den Löffel in das Glas gießen. Der Silberlöffel gibt die Temperatur schnell weiter. Trotzdem keine kochendheiße Flüssigkeit ins Glas geben. Das überstehen selbst dickwandige Punschgläser nicht immer ohne Schaden.

power

Register
Energy-Drinks

Ananas Mandelmilch 48
Anti-Grippe Punsch 51
Apfel-Lindenblüten Punsch 57
Aprikosen-Apfel-Molkedrink 37

Banane
- Banane 40
- Joghurt Pousse-Café 44

Bananen Feigen-Milch 47
Beeren Bananen-Flip 40
Beeren-Bowle mit Fruchtsaft 32
Brokkoli-Birnen-Ananas-Saft 33

Brombeeren
- Brombeeren 53
- Beeren Bananen-Flip 40
- Obstgarten-Cocktail Blaue Stunde 53

Buttermilch Kokos-Shake 44

Buttermilch
- Bananen Feigen-Milch 47
- Beeren Bananen-Flip 40
- Feldsalat Buttermilch-Flip 49
- Gurken-Melonen Milch 49
- Himbeer-Buttermilch Shake 42
- Sweet Buttermilch-Shake 41
- White Wellness Flip 12

Cantaloup-Melone 13

Drink weiß-rot-grün 17
Drinks für Aktive 6
Drinks für den Darm 7
Drinks für den Magen 7
Drinks für Sportler 6
Drinks fürs Immunsystem 7
Drinks gegen Streß 7
Drinks zum Entschlacken 6
Drinks zum Entwässern 6
Drive-in Drink 36

Enzyme 39
Erdbeer-Mango Cooler 26
Exoten-Energy-Cocktail 11

Feldsalat Buttermilch-Flip 49
Fenchel-Exoten Punsch 56
Frischer Frühlingswind 19
Frucht-Phantasie Cocktail 17
Fruchtiger Erdbeer-Flip 41

Green Card Cocktail 31
Gurken-Melonen Milch 49
Gute Laune Mischung 25
Guten Morgen Wecker 13

Hagebutten Heidelbeer-Punsch 59

Heilkräutertee 56
Highway to Holiday 28
Himbeer-Buttermilch Shake 42

Himbeeren
- Beeren-Bowle mit Fruchtsaft 32
- Himbeer-Buttermilch Shake 42

Joghurt
- Joghurt 45
- Joghurt Pousse-Café 44
- Mango-Joghurt-Eis in Ananaskefir 23
- Pflaumen Joghurt-Flip 45

Kamillen-Zitrus Punsch 54
Karibik-Kokos Cocktail 24

Kefir
- Green Card Cocktail 31
- Radieschen- Kohlrabi-Cocktail 20
- Vitalkur-Fruchtcocktail 35

Kiwi
- Exoten-Energy-Cocktail 11
- Kiwi-Shake mit Meloneneis 39
- Pink Kiwi Colada 25

Abkürzungen
TL = Teelöffel
EL = Eßlöffel
kcal = Kilokalorien
EW = Eiweiß
F = Fett
KH = Kohlenhydrate

Kokosnuß 48

Mango
- Erdbeer-Mango Cooler 26
- Highway to Holiday 28
- Mango 21
- Mango-Joghurt-Eis in Ananaskefir 23
- Quick & Easy Drink 21
- Slight Summer-Dream 29
- Sun-Blocker Cocktail 28

Melone
- Fenchel-Exoten Punsch 56
- Gurken-Melonen Milch 49
- Guten Morgen Wecker 13
- Kiwi-Shake mit Meloneneis 39
- Slight Summer-Dream 29

Molke
- Aprikosen-Apfel-Molkedrink 37
- Molke 37

Nachtschwärmer Cocktail 36

Obstgarten-Cocktail Blaue Stunde 53

Orangensaft
- Frischer Frühlingswind 19
- Fruchtiger Erdbeer-Flip 41
- Red Panthers Punch 12

Papaya
- Exoten-Energy-Cocktail 11
- Karibik-Kokos Cocktail 24
- Papaya 24
- Pink Kiwi Colada 25
- Red Panthers Punch 12

Paprika
- Paprika 16
- Pikanter Gemüse-Drink 16
- Rote Paprika Power 33

Pflaumen Joghurt-Flip 45
Pikanter Gemüse-Drink 16
Pink Kiwi Colada 25

Quick & Easy Drink 21

Radieschen-Kohlrabi-Cocktail 20
Red Panthers Punch 12
Rosaroter Kefir-Flip 20
Rote Paprika Power 33

Sanddorn Salbei-Punsch 57

Slight Summer-Dream 29
Sun-Blocker Cocktail 28
Sweet Buttermilch-Shake 41
Sweet Ion-Man 52

Tips
- Der Trick mit dem Silberlöffel 59
- Dill auf Vorrat 14
- Kalte Eiswürfel kühlen schlechter 42
- Feigenkauf 47
- Mango schneiden 26
- Mehr Druck für mehr Saft 54
- Scherenschnitt für Kräuter 31

Tomatensaft
- Dill-Gemüse Drink 14
- Drink weiß-rot-grün 17
- Nachtschwärmer Cocktail 36
- Pikanter Gemüse-Drink 16

Trauben 29
Trinkhilfe 6
Vitalkur-Fruchtcocktail 35
White Wellness Flip 12
Winterwonnen Punsch 52

Impressum

Redaktion: Ina Schröter
Lektorat: Dipl. oec. troph. Maryna Zimdars
Layout und Gestaltung:
Heinz Kraxenberger
Herstellung: Helmut Giersberg
Fotos: FoodPhotography Eising, München
Satz: Easy Pic Library, München
Reproduktion: Repro Schmidt, Dornbirn
Druck: Appl, Wemding
Bindung: Sellier, Freising
ISBN: 3-7742-1064-0

Auflage: 5. 4. 3. 2. 1.
Jahr: 03 02 01 2000 99

Friedrich Bohlmann arbeitet als Ernährungswissenschaftler und Ernährungsberater, schreibt seit Jahren als Fachjournalist für große deutsche Zeitschriften und ist Ernährungsexperte in der täglichen Fernsehsendung »Leben und Wohnen«. Einige Ratgeberbücher tragen seinen Namen. Für seine Arbeit bekam er den Journalistenpreis der Deutschen Gesellschaft für Ernährung.

Susie M. und **Pete Eising** haben Studios in München und Kennebunkport, Maine (U.S.A.). Sie studierten an der Fachakademie für Fotodesign in München, wo sie 1991 ihr eigenes Studio für Food Fotografie gründeten.

Für dieses Buch:
Fotografische Gestaltung:
Martina Görlach
Foodstyling:
Monika Schuster

Ein Dankeschön für die Unterstützung bei der Fotoproduktion:
ASA (Höhr-Grenzhausen),
Boss elitaire (Balingen),
LSA (London),
WMF (Geislingen/Steige)